운이 좋아지는
100가지
방법

HIYAKUTEKI NI UN GA YOKUNARU 100 NO HOHO
by Nami Yoshikawa
Copyright ⓒ 2009 Nami Yoshikawa
All rights reserved.
Originally published in Japan by Magazine House, Ltd., Tokyo.
Korean translation rights arranged with
Magazine House, Ltd., Japan
through THE SAKAI AGENCY and PLS AGENCY.

이 책의 한국어판 저작권은 PLS 에이전시와 THE SAKAI AGENCY를 통해
저자와 독점 계약한 경성라인에 있습니다.
저작권법에 의해 한국 내에서 보호를 받는 저작물이므로
무단 전재 및 복제를 금합니다.

운이 좋아지는 100가지 방법

요시카와 나미 지음 / 강성욱 옮김

경성라인

Contents

1장 얼굴과 몸에서부터 운 좋은 사람이 되는 방법 / 9
당신이 변하면 운도 즉시 효과를 낸다

2장 말의 힘으로 운이 좋은 사람이 된다 / 31
입 밖에 내는 말로 좋은 기운을 내뿜는다

3장 색과 형태와 표시로 운을 부르는 방법 / 43
색과 형태와 표시로 에너지의 개선을 꾀하자

4장 태도, 거동, 행동으로 운이 좋은 사람이 된다 / 57
당신이 올바른 자세를 취하면 운이 점점 좋아진다

5장 패션, 상품, 인테리어로 운이 좋은 사람이 된다 / 71
몸에 걸치는 것, 옆에 놓아두는 것으로 행운을 불러들인다

6장 마음가짐이 운이 좋은 사람을 만든다 / 83
마음가짐으로 운이 좋은 방향으로 향한다

7장 좋은 환경에서 좋은 운이 나온다 / 97
지금 있는 장소를 깨끗하게 하여 항상 좋은 기운을 받아들이자

8장 커뮤니케이션으로 운이 좋은 사람이 된다 / 109
인간관계가 투명해지면 모든 것이 순조로워진다

9장 셀프 파워로 운이 좋은 사람이 된다 / 131
자기 자신을 높일수록 커다란 운이 다가온다

10장 우주의 뒷받침으로 운이 좋은 사람이 된다 / 145
절대적 파워로 이어지는 힘을 받아들이면
최고의 운기를 지킬 수 있다

신나는 하루를 맞이하기 위한
머리말

운에 따라 얻을 수 있는 결과가 다르고
인생도 완전히 달라진다.

운이 좋은 사람은 평소의 습관부터 다르다.

사람들은 운이 좋고 나쁜 것을 어떤 특별한 행동을 보고 판단한다. 즉 운의 정체를 모르기 때문에 애매모호하게 이해한다. 그래서 운이 좋은 사람을 보면 '혹시 저 사람은 남몰래 어떤 특별한 일을 하는 게 아닐까.' 라며 비결을 듣고 싶어 한다.

가끔은 운이 좋은 사람과 그렇지 않은 자신을 비교하며 한숨을 쉴 때도 있다. 그러나 그렇지 않다. 운이란 말은 '옮긴다.' 에서 유래되었다.

즉 평소에 사용하는 말과 무의식적으로 무심코 하는

행동, 의식적으로 하는 행동 등에서 옮겨온다.

운은 특별한 것에서 비롯되는 것이 아니다. 일상적으로 그 사람이 당연하게 생각하는 일, 반드시 지키는 좋은 습관, 당연하지만 철저하게 지키는 것, 다른 사람보다 조금 많게 또는 크게 하는 것, 그리고 그 결과를 당연하게 받아들이는 자세 등에서 오는 것이다. 즉, 운이란 평소의 태도가 삶에 반영되어 생겨나는 것이다.

자신이 어떻게 하느냐에 따라 삶은 얼마든지 달라질 수 있다.

운이 좋은 사람의 일상이 어떤지 알지 못하는 상태에서는 자신의 운도 좋아질 수 없다.

이 책을 통해 일상생활에서 쉽게 익힐 수 있는 '운이

좋아지는 100가지 방법'을 제시하려고 한다. 이 방법을 통해 한층 더 밝아지고 긍정적으로 변화된 자신을 만날 수 있을 것이다.

기분 좋은 무언가를 철저하게 하면 할수록 동기부여가 될 것이다. 또한 당신 안에서 더 많은 에너지가 발생하여 활력이 생기고, 운이 좋은 사람이 되어가는 것을 실감하게 될 것이다. 운은 활기차고 즐겁게 무언가에 몰두하는 사람에게 반드시 따르게 되어 있다.

운이 좋은 사람은 운이 좋은 사람을 한눈에 알아볼 수 있다! 그런 사람은 말과 행동, 그리고 사람 그 자체에서 항상 빛이 난다.

1장

얼굴과 몸에서부터 운 좋은 사람이 되는 방법

당신이 변하면
운도 즉시 효과를 낸다.

1. 얼굴에 윤기가 나도록 가꾸어라

인상학에서는 얼굴에서 빛이 나면 운이 좋아진다고 한다.

만약 당신의 운이 조금 부족하거나 좀 더 운을 높이고 싶다면 얼굴에 윤기가 나도록 관리하라!

자신의 피부에 맞는 세안제를 사용하여 깨끗하고 윤기 있는 얼굴을 만들어라. 수분과 영양분을 충분히 보충해 주면 촉촉하고 윤기가 나는 피부가 될 것이다.

그리고 화장할 때 자신의 피부 톤보다 한 단계 밝은 색의 파운데이션을 바르거나, 피부 본래의 윤기를 살리는데 도움이 되는 크림을 사용하면 더욱 좋다. 마무리 단계로 윤기가 도는 파우더를 사용하면 한층 더 얼굴이 밝아 보일 것이다.

얼굴색이 좋아지고 윤기가 돌면 좋은 일이 생기기 시작한다!

얼굴은 '신의 가호를 받는 곳'이다. 그래서 칙칙하거나 건조하거나 거칠어지지 않도록 잘 관리해야 한다.

사람들은 얼굴색과 윤기로 당신의 활력과 운을 감지하여 다가오거나 멀어지거나 한다. 따라서 얼굴에 윤기가 감도는 운 좋은 사람이 되면, 좋은 정보와 인연 그리고 재물이 자연스럽게 모이게 된다.

2. 머릿결을 반들반들 윤기가 나도록 가꾸어라

반들반들 윤기가 나는 머릿결로 바꾸면 '신의 가호를 받기 쉬운 사람'이 된다. 즉 운이 좋아진다.

신은 빛을 발산하는 사람을 좋아한다. 신은 항상 하늘에서 사람들을 내려다보기 때문에, 빛나는 머릿결을 가진 사람이 눈에 잘 띄어 더 많은 도움을 줄 수 있기 때문이다.

머릿결이 푸석하면 운이 줄어들고 있다는 증거이다.

머리결의 윤기를 높여주는 샴푸와 린스를 사용하여 자신의 운을 높여주자!

3. 머리카락 끝에 웨이브를 주어라

    여성들은 머리카락 끝을 둥글게 말아주기만 해도 연애운을 상승시킬 수 있다.

    사랑의 신은 '바람에 흔들리는 것', '말려 있는 것', '묶여 있는 것'에 깃들어 있다고 한다. 머릿결을 바싹 마른 채로 내버려두지 말고, 정성을 들여 웨이브를 주고, 윤기 있고 아름다운 머릿결로 가꿔보라.

4. 입술은 촉촉하고 부드럽게 빛나게 하라

인상학에서는 입술을 '생활력과 여성성의 운'을 강하게 나타내는 곳이라고 본다.

또 '애정을 받고 있는지의 여부'를 알 수 있는 곳이기도 하다.

입술이 촉촉하고 부드럽게 빛날 때 운이 더 따른다. 립스틱이나 립글로스를 이용하여 예쁘게 가꿔보라. 그렇게 하면 당신에게 매력을 느끼는 이성이 나타나기 시작할 것이다. 또한 다양한 형태로 애정을 받게 되면서 멋진 이성과 맺어질 기회가 많아질 것이다.

5. 눈동자는 맑고 반짝이게 하라

당신이 정말 즐겁고 생기 넘치는 삶을 살고 있다면, 반짝반짝 빛이 나는 아름다운 눈동자를 가진 사람이 되어 사람들과 신을 매료시킬 것이다!

눈동자의 빛은 미래의 빛으로써, 반짝이는 정도가 강할수록 운도 좋아진다.

아이돌 가수나 여배우들을 보면 모두가 보석처럼 빛나는 아름다운 눈동자를 가지고 있다. 반대로 눈동자가 흐리멍덩하거나 빛이 바래 있다면, 그 사람의 영혼은 지쳐 있다는 것이다. 그럴 때는 자신에게 부담이 되는 일, 기대에 어긋났다고 생각되는 일을 즉시 멈추고 휴식을 취함으로써 자신을 구해야 한다.

당신의 마음이 다시 활기를 찾게 된다면 눈동자도 다시 빛이 발하게 되고, 운도 상승하게 될 것이다.

6.
목욕을 통해
몸 안에 있는 독소를 배출하라

심신이 피로하면 자연스럽게 몸 안에 좋지 않은 감정의 찌꺼기인 독소가 쌓인다. 당신의 운을 빼앗아가는 이런 나쁜 기운은 욕조에 어깨까지 몸을 푹 담가 피부의 모공이 열리도록 한 다음, 남김없이 배출시켜야 한다.

풍수지리학이나 불교에서는, 액땜은 '물이 있는 곳'에서 한다고 한다.

모공 속에 있는 나쁜 독소를 배출하여 몸을 깨끗이 하면, 운이 더 좋아질 것이다.

욕조 안에서 운을 불러오는 시간을 갖고자 하는 사람은 소금을 욕조 안에 넣어서 입욕하면 좋다. 또 몸을 씻을 때는 위에서부터 아래로 씻어 내려가라. 이렇게 해서 몸에 달라붙었던 하루 동안의 더러운 것들을 부드럽고 산뜻하게 씻어내라.

7.
허리를 쭉 펴서 에너지가 통하게 하라

발바닥에서부터 흡수한 대지의 에너지는 일단 꼬리뼈 부근에 모인다. 그 후 시계 방향의 나선 모양으로 등을 돌아 상승하는 에너지가 되어 체내순환을 한다. 체내에 좋은 기운이 돌게 하고, 신체 내부에서부터 운이 트이게 하려면, 등과 허리를 곧게 펴야 한다. 앉아 있거나 서 있을 때나 항상 의식적으로 꼿꼿한 자세를 유지해보라. 이런 자세는 몸 안에 있는 여러 에너지를 원활하게 순환시켜주어 심신에 필요한 좋은 운을 불러오는 에너지로도 활발히 작용한다. 이렇게 되면 모든 것들이 당신을 중심으로 잘 해결되어 가는 것을 볼 수 있을 것이다.

8. 가슴을 활짝 펴라

항상 가슴을 펴고 꼿꼿한 자세를 유지해보라. 그러면 가슴이 열려 좋은 기운이 체내로 빨려들어 올 것이다.

가슴이 열리면 횡격막도 열리게 되어 횡격막 아래에 있는 필터 역할을 하는 에너지 막의 활동이 활성화된다. 이 에너지 막은 외부에서 들어온 나쁜 에너지를 걸러내어 체내에 좋은 기운만 흐르게 하여 운도 좋아지는 것이다.

9.
크게 심호흡을 하라

하루에 몇 번쯤 크게 심호흡을 해보라.

크게 숨을 들이쉬고 내쉬는 것만으로도 유산소운동이 되어, 막히기 쉬운 체내의 에너지 활동이 원활해진다.

사람은 운이 나빠지면 자신도 모르게 어깨를 움츠리고 구부정한 자세를 취한다. 심호흡을 크게 함으로써 자세를 바르게 잡고 운이 나빠지지 않도록 할 수 있다. 심호흡을 하는 것만으로 산소가 세포에 골고루 퍼져 신진대사도 원활하게 된다. 이를 통해 체내에 좋은 기운의 흐름이 생성되어 운이 좋아지게 되는 것이다. 운은 체내의 에너지 활동에 크게 작용하고 있는 것이다.

10. 어깨와 견갑골 결림에 주의하라

어깨와 견갑골 결림의 여부에 따라 운의 상태를 알 수 있다. 예를 들어 너무 큰 슬픔은 당신의 가슴을 뚫고 등 쪽으로 옮겨가 머물게 된다. 혹시 슬픔 때문에 몸을 잘 움직일 수 없다면 가슴을 펴고 양팔을 돌려 견갑골을 움직여 보자. 그러면 등 쪽에 정체되어 있던 슬픔이 조금이나마 발산되게 된다.

또한, 심한 어깨 결림과 통증이 올 때는 어깨의 힘을 빼고 편안하게 자신을 쉬게 해주자. 당신이 부담감을 덜어내는 순간 운과 인생이 원활해질 것이다.

11. 긴장된 근육을 풀어라

긴장된 근육을 풀고 편안한 상태가 되면 체내의 기운과 모든 일이 풀려 좋은 일이 일어나게 된다. 근육이 굳어지면 좋은 기운과 힘이 파고들기 힘들어 좀처럼 체내로 들어올 수 없게 된다. 좋고 풍부한 기운과 자신을 되살리는 좋은 에너지는 편안하고 긴장이 풀려 있는 상태에서만 손에 넣을 수 있다.

12. 관절을 부드럽게 이완시켜라

좋은 기운을 받아들이고 좋은 운을 불러들이고자 한다면, 관절을 부드럽게 이완시켜보자.

근육과 뼈 사이에는 기운이 통하는 장소가 있다. 그곳의 근육이 굳어져 관절이 굳으면 에너지가 잘 통할 수 없게 되어, 에너지가 나쁜 기운으로 변해 정체하게 된다. 정체되어 막혀 있는 나쁜 기운은 심신을 지치게 하거나 악화시켜 병의 원인이 되기도 한다. 그렇게 되면 운을 높이는 에너지도 발생하기 어렵게 된다.

온몸의 힘을 빼고 손과 발을 자연스럽게 흔들어 유연한 몸을 만들어 보자. 기운이 잘 통하게 되면 모든 일이 순조롭게 잘 풀리게 된다.

13.
단전에
기운을 모아라

 심신을 건강하게 하고, 가지고 있는 나쁜 감정들을 정리하여 체내에 좋은 기운이 넘치도록 단전에 기운을 모아보자. 단전에 힘이 들어 있지 않은 사람은 걸음걸이도 올바르지 않을 뿐더러 모든 일에 차분히 몰두할 수 없다.

 기운이 흐트러지면 좋은 생각을 할 수 없게 된다. 그러나 단전에 기운을 모으면 모든 사물을 파악 할 수 있게 된다. 배짱도 두둑해져 어떠한 일에도 당황하지 않고 정확한 판단력과 행동으로 모든 일을 처리하는 사람이 될 것이다.

 또한, 단전에 기운을 모으면 힘이 충만해져 묘하게

금전운이 좋아지게 된다. 단전의 '기운'은 금전운의 '기운'이라고 생각해 두자.

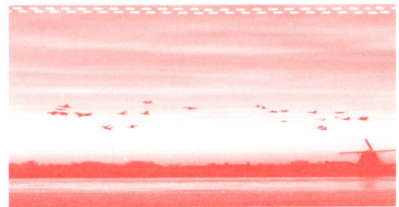

14.
배변은 매일 원활하게 보도록 하라

 폭음과 폭식을 피하고 편식하지 않도록 하여 매일 아침 배변을 원활히 보도록 하자.

 에너지의 법칙에서는 불평불만을 내부에 많이 쌓아 두는 사람은 변비가 되기 쉽고 몸이 붓거나 점점 더 살찌기 쉬운 상태가 된다고 말하고 있다.

 즐거운 마음을 가지면 배변도 원활히 볼 수 있게 된다. 그러면 모든 일도 원활하게 풀리게 된다.

15.
피로를 적절히 풀고
과로하지 않게 하라

운을 만드는 근본인 심신이 피로하다면 그때그때 적절한 방법을 통해 조치를 취하도록 하자.

피로에는 몸의 피로와 마음의 피로가 있다. 우선 몸의 피로를 먼저 풀도록 하자. 충분한 영양이 있는 것을 먹고 일찍 잠자리에 들어 숙면을 취하고 오랫동안 휴식을 취해 몸의 피로를 풀면 어느새 마음의 피로도 풀리게 되어 있다. 피로를 적절히 풀지 못해 '과로' 상태가 되면 정신적 에너지가 방전이 되어 회복하기 어렵게 된다.

정신마저 피로나 타격을 받으면 운이 좋아질 수가 없다. 스스로 항상 피로를 적절히 풀어 과로 하지 않도록 하자.

2장

말의 힘으로 운이 좋은 사람이 된다

입 밖에 내는 말로
좋은 기운을 내뿜는다.

16.
항상 "나는 운이 좋아!"라고 말하라

운이 좋은 사람이 되는 가장 간단하고 효과가 있는 방법은 항상 '나는 운이 좋아!' 하고 말버릇처럼 하는 것이다. 말은 모양이나 상태, 즉 어떤 현상을 만들어내는 파동이다.

당신이 하는 말을 귀와 머리 그리고 주위의 모든 것이 듣고 있다. 듣고 있다는 것은 단순히 소리뿐만 아니라 말의 파동이라는 에너지의 공명도 포함된다. 그렇기 때문에 당신이 긍정적인 말을 한다는 것은 운이 좋은 사람이 되어간다는 현상이 일어나기 시작한다는 의미이다.

'말하는 대로 운이 좋아지면 누가 고생하겠어.' 라고

말하는 사람은 말이 갖는 위력을 모르고 있는 것이다. 말은 항상 그 말에 어울리는 현상을 만들어내어 말한 대로 작용하게 된다.

17.
'오늘도 재수가 좋아' 하고 말하라

'나는 항상 재수가 좋아.', '행운이다!', '오늘도 행복해.'라며 어떤 일이든 아무리 사소한 것이라도 좋으니 입버릇처럼 말해보자. 그렇게 계속 반복하여 말함으로써 더욱 더 재수 좋은 일, 행운으로 가득한 일, 행복한 일들이 점점 다가올 것이다.

결국 좋은 말은 좋은 울림이 되고 좋은 울림은 좋은 파동이 되어 그 에너지가 좋은 현상을 만들게 된다. 때문에 운이 트이게 되는 가장 쉬운 방법은 입버릇처럼 좋은 말을 하는 것이다.

18. 결과가 좋지 않은 말은 하지 마라

당신은 그 말이 진심이든 농담이든 내뱉은 말에 스스로 책임을 져야 한다.

말에는 그 말이 가지는 고유 에너지와 이미지 그리고 감정이 있다. 따라서 말한 대로 이루어지게 된다. 그러므로 말해버린 후의 결과가 진짜가 되면 곤란해지는 말을 하지 않도록 주의할 필요가 있다.

운이 좋은 사람이 되고 싶다면 긍정적인 말투와 좋은 일을 기대하는 말투와 밝은 미래를 기대하는 말투를 사용하는 것이 좋다.

19. 밝고 긍정적인 말을 사용하라

만나고 싶은 사람은 '만날 수 있다!'
손에 넣고 싶은 것은 '손에 들어온다!'
원하는 일은 '이루어진다!'
나는 '행복해질 수 있다!'
내가 항상 운이 좋은 사람으로 사는 것은 '당연하다'는, 기쁘고 긍정적인 말을 사용하는 습관을 갖자. 그러면 정말 생각하는 대로 이뤄져 좋은 운을 손에 넣게 될 것이다.

20. 좋은 일을 부정적으로 말하지 마라

행운으로 가득한 삶을 살고 싶다면 좋은 일이 다가 올 것을 기대하면서 긍정적으로 말해보자.

'반드시 그렇게 될 거야!' 라고 말한 후에 '무리겠지만' 이라든가 '어차피 안 되겠지만' 이라는 부정적인 말을 한다면 모처럼 말한 좋은 말의 효과가 물거품이 되어버린다.

뭐든지 철저하게 처음부터 끝까지 긍정적인 말을 사용했을 때 효과가 확실하게 나오는 것이다.

운이 좋은 사람이 되고 싶다면 긍정적으로 말하는 것이 중요하다. 그러면 점점 좋은 일도 찾아오게 되는 것이다.

21. 앞으로 이루어지길 바라는 좋은 말을 하라

　상상만으로도 웃음이 나오는 즐겁고 좋은 일에 대해 말하는 습관을 들이도록 하자. 그러면 기쁘고 즐거운 일상이 다가온다.

　축복의 말에는 에비스 신〈일본에 있는 칠복 신(七福神)의 하나. 오른손에 낚싯대를, 왼손에 도미를 안은 바다·어업·상가(商家)의 수호신-역자〉과 오구로 신〈칠복 신(七福神)의 하나로, 오른손에 요술 망치를 들고, 왼쪽 어깨에 큰 자루를 둘러메고 쌀섬 위에 올라앉은 복덕(福德)의 신-역자〉이 기뻐하며 다가와 소망을 크게 이뤄 주실 것이다. 복의 신은 즐거운 이야기와 웃음이 솟아나는 행복한 이야기를 좋아하기 때문이다.

22.
좋은 일은 말해 버려라

　마음속에 가지고 있던 꿈과 이뤄지길 바라는 소망 같은 좋은 일은 다 말하자. 그 말을 마음속으로 이야기해 보거나 다른 사람들에게 이야기를 하거나 노트에 적어보면서 자신의 소망을 마음 밖으로 드러내보자. 그러면 마치 에너지가 채워져 기계가 움직이는 것처럼 당신 안의 자동 실현 장치가 작동하기 시작할 것이다.
　우주(잠재의식)는 언제든지 당신이 단언하는 태도로 말하면 강하게 반응하여 확실히 그것이 이루어진다.

23.
자신의 이상(理想)을
반복적으로 말하라

이루고 싶은 이상이 있다면 평소에도 꾸준히 그 이상에 대해서 말해보자. 이상을 말함으로써 스스로 인식하게 되어 이미지가 더욱 확고해지고 사실적인 미래가 된다. 즉, 이상은 당신의 마음속 스크린에 선명하게 비춰져 마치 영화를 보듯 현실속의 스크린에도 비춰지게 되는 것이다.

'우연히 이런 사람과 만나고 싶다.', '이런 일을 하고 싶다.', '이런 꿈을 이루고 싶다.' 라고 망설이지 말고 자신의 이상을 말로 표현해 보자. 이상이 나의 목표가 되고, 목표가 형태가 되는 것이다.

3장

색과 형태와 표시로 운을 부르는 방법

색과 형태와 표시로
에너지의 개선을 꾀하자.

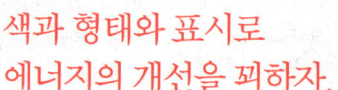

24. 금전운을 부르는 색깔을 알라

중국에서는 '금색은 돈을 부르는 색'이라고 말한다. 금전운을 부르기 위해 금색의 소지품과 인테리어 제품을 많이 사용한다. 금전운을 더욱 상승시키고 싶다면 금속부품이 붙어 있는 지갑이나 금색 통장서랍이나 금고 등을 사용해보자. 금전운은 한번 붙으면 계속 높아지고 늘어나는 성질을 갖고 있기 때문이다.

시간은 돈이라는 말도 있듯이, 가치가 있는 시간을 재는 시계도 금색이 배합된 것을 사용하면 금전운이 상승하게 된다. 또한, 금전운의 신에게 감사를 표할 때 사용된 붉은색을 가까이 두면 돈에 얽매이지 않게 된다.

에너지 연구에 의하면, 금전운은 머리와 중추 사이

의 차크라(요가에서 생명의 에너지가 존재한다고 하는 등뼈 주위에 있는 9 또는 5개의 점-역자)와 관계가 있으므로 목걸이 등 목 부분에 걸치는 것을 은이나 백금보다 금으로 하면 여러모로 돈이 들어오게 된다고 한다.

25. 출세하는 색깔을 알라

 개인의 능력을 향상시키거나 지위나 명예 그리고 재산운을 높이고 싶다면 밝은 베이지색의 옷을 입거나 금색과 베이지색이 섞인 장식품을 집의 북서쪽에 놓아두면 좋다. 그렇게 하면 성공이 다가와 재물이 쌓이게 된다.

 특히 지갑을 베이지색에 금색이 섞인 황색 계통의 컬러를 사용하면 금전운을 불러올 뿐 아니라 재능을 크게 꽃피울 수 있게 된다. 이 색은 사업운도 상승시켜 편안한 생활을 누릴 수 있도록 해준다.

26. 연애운을 높이는 색깔을 알라

연애운을 높이고 싶다면 핑크계열을 사용해보자. 메이크업이나 매니큐어, 소품과 속옷 그리고 인테리어 등에 사용하면 좋다.

핑크는 자궁을 상징하는 색으로, 모성과 여성성을 나타내기 때문에 당신의 매력을 크게 돋보이게 해준다. 그렇다고 너무 화려하고 진한 핑크는 사랑의 운을 흐트러뜨리기 쉬우므로 연한 핑크를 적당하게 잘 사용하도록 하자.

27. 액땜할 때 사용하는 색깔을 알라

모든 것을 정화할 때에는 '흰색을 사용'하는 것이 철칙이다.

하고 있는 일이 예상과 어긋날 때는 속옷을 모두 흰색으로 바꿔보자. 옷도 흰색을 기본으로 입고 몸과 마음을 정갈히 해보자. 두부, 우동, 무, 참마 등 흰색 식품을 먹는 날을 갖는 것도 좋다.

액땜하고 싶은 마음이 들 때에는 정사각형의 새하얀 접시에 굵은 소금을 조금 담아 동북과 남서 두 방향에 놓아두면 곧 일이 수습되어 안정된 운으로 돌아온다.

28.
행운의 배색을 알라

색과 색을 섞으면 원색일 때의 에너지보다 더욱 강한 에너지가 발생한다. 이런 힘이 필요할 때는 그 행운의 배색을 이용하자.

하고 있는 일을 성공시키고 싶고, 최고가 되고 싶을 때는 '붉은색과 금색'을 섞어서 사용해보자! 생각대로 힘과 명예와 승리를 얻을 수 있다.

장밋빛 인생을 원할 때는 '핑크와 황색' 혹은 '핑크와 금색'을 섞어서 사용해보자! 이 색은 정신과 물질, 두 가지가 모두 이루어지는 최고의 행운의 색이다.

재테크에 성공하고 싶을 때는 '금색' 또는 '금색과 백금색'을 섞어서 사용해보자. 확실하게 돈을 끌어당

겨 크게 모을 수 있게 된다. 이 색은 상당히 힘과 개성이 있는 색이므로 하나의 색을 사용하는 것만으로도 행운을 얻을 수 있다.

29. 원형, 삼각형, 사각형을 사용하여 운을 좋게 만들라

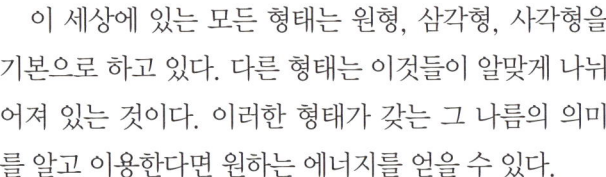

　이 세상에 있는 모든 형태는 원형, 삼각형, 사각형을 기본으로 하고 있다. 다른 형태는 이것들이 알맞게 나뉘어져 있는 것이다. 이러한 형태가 갖는 그 나름의 의미를 알고 이용한다면 원하는 에너지를 얻을 수 있다.

　원형은 모든 것을 원활하게 성취시켜준다는 의미를 가지고 있다. 삼각형은 하늘에서 에너지를 확실하게 받아들인다는 의미이며, 사각형은 당신이 바라는 것을 확실한 형태로 만들어 준다는 의미이다.

　특히 삼각형은 독특한 에너지를 발생시키는데, 역삼각형과 삼각형을 합쳐서 ✡의 형태로 만들면 당신의 생각이 하늘에 닿아 소망이 이루어진다고 한다.

30. 소용돌이(나선모양)로 행운 에너지를 강하게 잡아끌라

오른쪽 방향으로 도는 소용돌이(시계방향으로 돌아가는 소용돌이)는 행운을 가져온다고 한다.

인테리어 제품과 소지품 등에서 이런 나선 형태를 발견한다면 잠시 옆에 놓아두자. 반대로 왼쪽으로 돌아가는 에너지는 당신의 에너지를 뺏기 쉬우므로 함부로 옆에 두지 않도록 하자. 형태 에너지는 중심과 형태에서 발생하는 에너지로, 당신에게 어느 정도 영향을 주기 때문이다.

31. 셀프 파워를 상승시키고자 할 때는 반짝이는 물건을 두어라

최고로 좋은 운을 만들기 위해서는 반짝이는 물건을 항상 옆에 놓아두어야 한다. 예를 들면 목걸이나 귀걸이 또는 반지 같은 소품이나 반짝이는 소재를 사용한 양복을 입는 것도 좋다. 반짝이는 것은 나쁜 기운을 없애고 행운을 부르므로 항상 몸에 지니도록 하자. 그러면 외부에서 들어온 좋지 않은 에너지가 없어질 것이다.

혹시 반짝이는 것을 몸에 지니고 싶지 않은 사람은 항상 핸드백 속에 작은 손거울을 넣어두자. 사람과 만나기 전에 거울을 보며 자신의 얼굴을 비쳐보는 것으로 미리 빛을 얼굴에 비춰두어 그때의 운을 지키게 한다.

또한, 외출한 장소에서 왠지 좋지 않은 기분이 들거나 무언가 조짐이 좋지 않다면 그 장소에서 거울을 열고 가만히 발치와 주변의 공간을 비춰보자. 그 즉시 빛의 효과로 나쁜 기운이 제거될 수 있다.(결코 다른 사람의 얼굴에 거울을 비춰서는 안 된다.)

4장

태도, 거동, 행동으로 운이 좋은 사람이 된다

당신이 올바른 자세를 취하면
운이 점점 좋아진다.

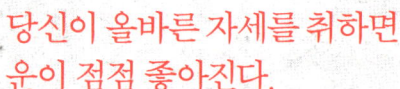

32. 모나리자처럼 웃는 얼굴을 하라

아름다운 모나리자의 미소가 많은 사람을 매료시키듯 친절하고 품위 있는 미소는 사람들의 마음을 편안하게 풀어주어 늘 곁에 있고 싶은 마음이 들게 된다.

사람을 말없이 끌어당기는 사람, 항상 평온하고 친절하게 웃는 사람에게는 적이 없다.

거기에는 설명도, 설득도 필요 없다. 단지 사람들을 끌어당기는 기운만이 있을 뿐이다. 때때로 가만히 있으면 찌푸린 얼굴이 되거나 무서운 얼굴이 되는 사람들이 있다. 이런 사람들은 무의식중에도 마음속의 상태를 나타내버린다.

자신의 얼굴은 결코 실제로 볼 수가 없다. 거울을 통

해서만 볼 수 있다. 이 말은 '얼굴은 남에게 보여주기 위해 있는 것'이라는 의미로, 자신이 지금 어떤 얼굴을 하고 있을까를 상상할 필요가 있는 것이다. 얼굴은 그 당시의 운이 어떤지를 알려주는 척도이기 때문이다.

33. 항상 좋은 기분을 유지하라

항상 기분이 좋은 사람 주위에는 밝은 화제, 즐거운 사건, 좋은 이야기가 있기 마련이다. 기분이 좋다는 것만으로 좋은 에너지가 흘러넘치기 때문에 그것을 감지한 좋은 기운들이 더욱 다가오는 것이다.

34. 허둥지둥 서두르지 마라

　몹시 서두르며 '내가 먼저!' 라는 태도를 보이는 사람은 스스로 '나는 항상 부족한 존재다.' 라는 마이너스 이미지를 남에게 알리고 있는 것과 같다.
　무엇이든지 서두르지 않고 일을 하면 마음이 차분해져 행동이 정돈되고 인상도 좋게 된다. 따라서 거기서 나오는 여유로 결국 좋은 결과가 자연스럽게 생겨나게 되어 운이 좋은 사람이 되는 것이다.

35. 남보다 뒤처지지 마라

너무 서두르는 것도 좋지 않지만 뒤처지는 것도 좋지 않을 때가 있다. 주위의 움직임이 빠를 때에는 모든 일의 운이 빨라지는 때이다. 운의 흐름이 다가오면 자연스럽게 주위의 템포가 활성화 된다. 그럴 때 자신만 천천히 느긋하게 움직이고 있다면 운이 먼저 가버린다. 주위의 움직임과 흐름을 보고 그에 따라 보조를 맞추면 확실하게 행운을 얻을 수 있게 된다.

36.
흐름을 타는
타이밍을 보라

운이 큰 행운의 흐름을 가져올 때 갑자기 모든 것들이 활발히 움직이기 시작한다. 어떤 가수가 자신의 곡이 히트할 조짐이 보이기 시작했을 때의 일을 이렇게 말했다고 한다.

'갑자기 주위가 소란스러워지고 갑자기 모두가 몹시 서두르기 시작하여 나의 움직임도 활기를 띠게 되었다. 그리고 갑자기 점점 큰일들이 들어오기 시작해 그때부터 눈이 팽팽 돌 정도로 바쁜 나날을 보내게 되었다. 그때 엄청난 히트를 치게 된 것이다! 그때까지의 나는 히트곡이 없어 히트를 친다는 것이 어떤 것인지 알지 못했고 인기가 있다는 것이 어떤 상태인지를 알지 못했다. 그렇기 때문에 이미 세상에 나와 큰 성공을 거두고 있는 스타가 어떤 나날을 보내고 있는지 상상도 하지 못했다. 그러나 그때 알게 되었다. 모든 행운의 문이 열렸을 때 단숨에 주위도 자기 자신도 굉장한 파워와 스피드로 움직이기 시작해 뭐가 뭔지 모를 정도의 운의 흐름이 온다는 것을!'

당신이 하고 있는 일이 성과를 나타낼 때는 반드시 커다란 흐름이 다가 온다. 그때야말로 '지금이다!' 라고 흐름을 타서 전진할 때이다.

그 흐름을 탄다는 것은 자신도 **빠르게** 움직이고 있다는 것이다. 참고로 **빠르게** 움직이는 것과 몹시 서두르는 것은 다르다. **빠르게** 움직여 운을 잡을 때는 몸은 바쁘지만 두근거리고 설레어 지치지 않는다. 그러나 서두를 때는 초조하기만 할뿐 몸과 마음이 모두 지쳐버리는 것이다.

37.
리드미컬하게 움직여라

 운이 좋아지면 조금 바빠진 생활 가운데에서도 활기차게 보내게 된다. 그 리듬에 보조를 맞추어 쾌활하게 움직이자. 그러면 운은 좋은 흐름을 만들어 행운을 끌어당기게 된다.

38. 좋은 흐름을 따르라

'좋은 흐름이 왔다.'라는 생각이 든다면 그 즉시 흐름에 따르자. 좋은 흐름은 좋은 장소에서 나오게 되어 있다. 흐름은 항상 당신에게 어울리는 장소로 데려가 준다. 좋은 흐름이 다가오면 '기쁨', '즐거움', '설렘'이 느껴져 일에 흥미를 느끼게 될 것이다.

39.
흐름의 방향을 파악하라

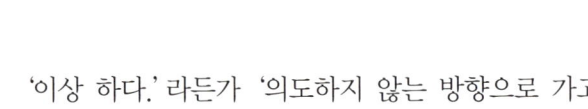

　'이상 하다.'라든가 '의도하지 않는 방향으로 가고 있다.'고 느껴진다면 멈춰 서서 상황을 바라보는 습관을 들이자.

　운을 지키려면 운이 이상한 방향으로 흘러가도록 놔둬서는 안 된다. 의도치 않는 방향으로 일이 진행되는 것을 '이 정도는 괜찮겠지.'라고 넘겨서는 안 된다. 그렇게 작은 일들을 넘기면 큰 후회를 부를 수 있기 때문이다.

　운을 지키는 것이 중요하다는 것을 알고 있는 사람은 마음에 걸리는 작은 신호도 결코 무시하지 않는다.

40. 여유로운 태도를 보여라

항상 안정된 태도를 보여주는 것은 모든 일을 느긋하고 운 좋게 추진시키는 데 결정적인 역할을 한다.

사람은 타인의 여유를 보고 안심하는 동물이다. 그러므로 자신과 관련된 사람의 여유로운 태도에 안심하고 신뢰하여 일에 동참하게 되는 것이다. 무슨 일이 있을 때마다 운이 좋은 사람은 여유로운 태도로 사람을 끌어당겨 모든 것을 손에 넣는다.

5장

패션, 상품, 인테리어로 운이 좋은 사람이 된다

몸에 걸치는 것, 옆에 놓아두는 것으로
행운을 불러들인다.

41. 검정색으로만 치장하지 말라

항상 옷을 검정색으로만 입으면 운기가 활성화되기 어렵다. 검은색은 품격과 예절, 그리고 중후한 느낌을 나타내지만 자칫 잘못하면 무거워지기 쉬운 경향이 있다. 때로는 밝은 색도 함께 매치하여 운기를 부드럽게 움직여 보자.

풍수학에서는 '검정색 옷만 입는 여성은 연애와 결혼 운이 낮아지기 쉽다.'고 말하기도 한다. 여성은 항상 그 장소를 밝히는 꽃과 같은 존재로 있어야 연애에 좋은 운을 부르게 되는 것이다.

42.
여성은 꽃과 같은 존재가 되어라

여성의 운을 좋게 만드는 비결은 '꽃과 같은 여자'가 되는 것이다.

꽃과 같다는 것은 그 사람이 그곳에 나타나는 것만으로 주위가 밝아져 모두를 기쁘게 해준다는 의미이다. 즉, 꽃처럼 밝게 웃는 얼굴, 꽃처럼 예쁜 색의 옷, 꽃처럼 우아한 말씨와 분위기를 지닌 사람이라는 것이다.

여성은 칙칙하고 어두운 색을 입으면 운이 좋아지기 어렵다. 에너지도 칙칙한 색을 많이 입으면 낮아지기 쉽게 된다. 맑고 밝은 꽃과 같은 기운으로 산뜻하게 운을 높이자.

43. 빛처럼 반짝이는 색을 입어라

 운이 좋은 사람들은 아이보리, 흰색, 베이지 그리고 반짝이는 소재의 옷을 자주 입기 시작한다.

 사람은 생체 에너지를 끌어올리기 위해 가벼운 것, 밝은 것, 눈부신 것을 자연스럽게 고르게 되어 있다. 지금 운이 좋지 않다고 느끼는 사람은 지금 바로 반짝이는 소재의 옷을 입도록 해보자. 그러면 점점 운이 좋아지게 될 것이다.

44.
반짝이는 것을 지녀라

행운의 여신의 가호를 받아 좀 더 운을 좋게 하고 싶다면 반짝반짝 빛나는 것, 빛을 내뿜는 것을 몸에 지니도록 하자.

빛은 예로부터 액과 재앙을 떨쳐내고 행운을 끌어당기는 마법의 효과가 있는 것이라 여겨왔다. 또, 우주학적으로 보아도 빛이라는 존재는 고차원적 에너지로 우주의 에너지를 풍부하게 받는 역할을 하고 있다.

예를 들면 반짝반짝 빛나는 다이아몬드,

아름다운 광택을 내는 진주,

금과 백금의 액세서리,

라메와 진주가 들어간 패션,

반짝반짝 빛나는 입자가 들어간 펄 메이크업,
스팽글이 붙은 옷과 소지품 등.
좋아하는 것을 갖는 것만으로 즉시 운이 좋아지는 것을 볼 수 있을 것이다.

45. 자신에게 힘을 주는 행운의 물건을 지녀라

잡화점이나 옷가게, 서점 등에 갔을 때 문득 어떠한 물건에서 '힘이 느껴진다.'는 생각이 드는 물건은 틀림없이 당신에게 힘을 주는 행운의 아이템이다. 즉시 구입하도록 하자.

어떤 물건에서 좋은 일이 일어날 것 같은 느낌이 든다면, 반드시 그 느낌은 현실이 된다. 좋은 인상은 좋은 이미지가 되어 그에 따르는 감정을 발생시켜 원하는 대로 이뤄주는 작용을 하는 것이다.

46. 화려하고 호화스러운 것을 좋아하라

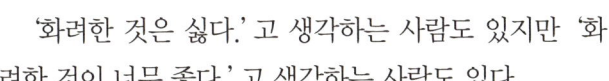

'화려한 것은 싫다.'고 생각하는 사람도 있지만 '화려한 것이 너무 좋다.'고 생각하는 사람도 있다.

운이 좋아지는 관점에서 보면 '화려하고 호화로운 것은 행운을 부르는 것'이다. 예를 들면 진언 밀교(7세기 후반 인도에서 성립한 대승 불교의 한 파-역자)에서는 우주를 상징하는 대일여래(진언밀교의 본존-역자)와 관음보살 등 부처님과 신은 반짝반짝 빛나는 금빛으로 만들어져 있다. 그리고 축제를 할 때에도 화려한 제물을 올려 신에게 기원을 드린다.

화려하고 호화로운 것은 신을 기쁘게 하는 것으로 여기는 경우가 많다. 신이 기뻐하면 기쁨의 표시로 행운을 내려주는 것이다. 화려하고 호화로운 것을 몸에 걸치거나 방에 장식해두는 것도 운을 좋게 하는 훌륭한 방법이다.

47. 가지고 있는 금의 양을 늘려라

금은 예로부터 영원한 부의 상징으로 전 세계의 많은 사람들이 금 발굴에 목숨을 걸었다.

금은 금을 부른다 하여 중국에서는 장식으로도 많이 사용되고 있으며 유럽 등에서도 궁전을 금으로 끊임없이 장식해왔다. 즉, 금 그 자체가 부와 힘의 상징이며 모든 것을 손에 넣을 수 있는 최고의 것으로 여겨지고 있는 것이다.

한편, 금은 명상법에도 사용되어 당신의 인생과 운에 많은 영향을 주기도 한다.

48.
기쁨을 주는 물건을 옆에 놓아두어라

 기쁨을 주는 것은 인테리어든 소지품이든 무엇이든 옆에 두는 것만으로도 무조건 당신의 에너지를 높여줄 것이다.
 즐거움과 기쁨이라는 감정은 생체 에너지를 높여주어 행운을 부르는 작용을 한다. 즉, 기쁨을 주는 사람은 그것만으로 행운과 행복이 자연스럽게 들어오는 것이다.

6장

마음가짐이 운이 좋은 사람을 만든다

마음가짐으로
운이 좋은 방향으로 향한다.

49. 좋지 않은 일은 바로 잊어버려라

운이 좋은 사람은 일의 전환이 능숙한 사람이다. 그러한 사람은 안 좋은 일이 있어도 그 일을 금방 잊고 새롭게 기분을 전환하여 다른 일을 시작한다.

좋지 않은 일을 언제까지나 생각하고 있으면 좋지 않은 에너지의 찌꺼기가 몸 안에 남아 굳어져 버린다. 그렇게 되면 굳어져 버린 내부 에너지가 외부 에너지에도 영향을 끼쳐 모든 일이 정체되고 굳어지게 된다.

운 좋게 일을 진행시키기 위해서는 좋지 않은 일은 바로 잊는다는 태도가 중요하다.

50. 마음의 전환을 능숙하게 하라

　세상을 살아가다 보면 '운이 좋다.'고 말하는 사람도 때로는 싫은 일과 슬픈 일, 손해를 보는 일 등 상처 입는 일들이 있게 마련이다.
　운이 좋은 사람은 필요 이상으로 침울한 감정에 빠지지 않는다. 그런 사람은 감정을 전환하려는 지속적인 노력을 통해 현재의 좋지 않은 기분에서 벗어난다. 마음의 전환이 능숙한 사람은 에너지의 전환도 능숙하다.
　운이 좋은 사람은 무슨 일이나 항상 운이 좋은 방향으로 흐름을 돌리는 것을 잘한다. 그렇기 때문에 항상 운이 좋은 사람으로 있는 것이다.

51. 상승 에너지를 품어라

항상 보다 좋은 것을 목표로 하는 사람, 보다 높은 수준을 추구하는 사람은 운을 좋게 만들어갈 수 있는 사람이다.

자신의 마음을 조절할 수 있는 사람은, 상승 에너지를 품고 있는 사람이기 때문에 운이 좋아지는 것은 당연한 일이다.

52. 발걸음을 가볍게 하라

발걸음을 가볍게 하면 운도 경쾌하게 움직이기 시작한다. 운은 '옮긴다.'는 글자에서 생겨났다. 즉, '일의 진행' 상태에 따라 모든 것이 변하는 것을 의미 한다.

몸을 바로, 빨리, 가뿐하게 움직일 수 있는 사람은 그대로 바로, 빨리, 가볍게 운을 손에 넣을 수 있다. 몸이 무겁고 무엇을 하든 늦는 사람은 움직임도 둔해지기 쉬워 모든 일에 영향을 끼치게 된다.

운이 좋은 사람은 무슨 일에든 빠르게 대응하는 사람이 많다. 따라서 발걸음이 가벼운 사람은 여러 가지 면에서 누구보다 쉽게 행운을 손에 넣을 수 있는 것이다.

53. 행운을 목표로 하라

사람은 마음이 가는 쪽으로 움직이게 되어 있다. 마음은 사람을 어떤 방향으로도 움직이게 하는 마법의 에너지를 갖고 있다. 행운을 얻기 위해 마음이라는 마법의 에너지를 사용하면 그에 어울리는 행동과 말을 하게 된다.

54.
어둠 속에서도 빛을 발견하는 사람이 되어라

캄캄한 어둠 속에서는 아무것도 보이지 않는 법이다. 어느 쪽으로 가야 할지 모르게 되고 움직일 수도 없게 된다. 그러나 암흑 속에서도 '살아남고 싶다! 무슨 일이 있어도 여기에서 나가고 싶다! 출구는 반드시 발견할 수 있을 것이다.'라는 희망을 갖게 되면 빛이 비치게 된다.

희망을 버리지 않은 사람에게는, 어둠 속에서 당신을 부르는 소리나 작은 빛과 같은, 희망이 나타나게 되어 있다. 운이 좋은 사람은 어둠을 모르는 사람이 아니라 어둠 속에서도 희망을 잃지 않고 희미한 빛을 기회로 삼아 결국 출구를 발견하는 사람이다. 어두운 상태에서도 결코 포기하지 않는 사람인 것이다.

55. 좋은 일을 찾으려 노력하라

좋은 일을 찾는 것에 집중하게 되면 행운이 당신을 향하게 된다. 무엇이든 마음에 두고 있는 것은 결국 당신에게 다가오게 되어 있다. 운이 좋은 사람은 의식적으로 좋은 일이 자신에게 다가오게 하는 마음의 준비를 항상 하고 있다.

56. 기쁨을 모토로 하라

인간영향심리학에 의하면, 당신이 기뻐하는 모습을 본 사람은 당신이 더욱 기뻐하는 모습을 보기 위해 노력한다고 한다. 왜냐하면 당신에게 기쁨을 줌으로써 자신이 당신에게 중요한 사람이라는 생각을 갖게 되기 때문이다.

항상 기쁨이 넘치는 삶을 사는 사람은 감동도 잘 받는 사람이기 때문에 좋은 일이 있을 때마다 기쁨을 솔직하게 표현한다. 그러한 모습이 사람들을 기쁘게 해주기 때문에 즐거운 일이 연달아 들어오는 것이다.

기쁨을 모토로 하면 그것만으로도 모든 사람과 일로부터 행운을 누릴 수 있게 되는 것이다.

57. 즐거운 일에 참여하라

사람들은 즐거운 일에 참여할 때 자발적으로 움직인다. 마음이 움직이면 몸도 쉽게 움직일 수 있게 되어, 즐거우면 즐거울수록 그 일이 잘 돌아가게 된다.

즐거움이라는 것은 노력을 하지 않았는데 무엇인가를 얻은 것 같은 성취감을 가져다주기 때문에 운 좋게 좋은 결과를 얻은 것같이 느끼는 것이다. 이것에 비추어 보았을 때 모든 것이 자연스럽게 잘 이루어지게 된 것은 당신이 즐겁게 일해 왔기 때문인 것이다. 운이 좋은 사람은 무엇이든 즐겁게 일을 처리하는 가장 좋은 방법을 알고 있다.

58. 적절하게 스트레스를 해소하라

운을 어지럽히는 가장 큰 원인은 대부분 화라는 감정에너지이다. 화를 크게 쌓아두면 애물단지가 된다. 운이 좋은 사람으로 살고 싶다면 자신이 나름대로 화를 쌓아두지 말고 능숙하게 해소하는 방법을 갖는 것이 좋다. 불교에서도 화를 극복할 수 있으면 깨달음을 얻으며 행복의 길이 열린다고 말할 정도이다.

59. 혼자만의 시간으로 보물을 얻어라

혼자만의 고독한 시간은 자신의 마음과 대화를 할 수 있는 좋은 기회이다.

사람은 누구나 항상 자신이 좋은 방향으로 나아가기를 원한다. 외부와의 접촉을 차단하고 진정한 마음의 소리에 귀를 기울여보자. 운이 좋은 사람은 고요함 속에서 행복의 씨앗을 발견하는 것에 능숙한 법이다.

7장

좋은 환경에서 좋은 운이 나온다

지금 있는 장소를 깨끗하게 하여
항상 좋은 기운을 받아들이자.

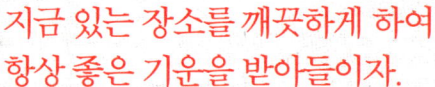

60. 마루는 물걸레질을 하라

왠지 운이 정체되어 있는 것 같다면 마루를 물걸레질해보자. 왜냐하면 무겁고 어두운 운은 방의 아래쪽에 쌓여 버리기 때문이다. 그럴 때는 걸레를 담아놓는 바구니에 약간의 굵은 소금을 넣은 물을 사용한다. 그러면 마루에 쌓여 있던 운을 정체시키는 원인이 되었던 생각, 에너지, 나쁜 기운이 제거될 것이다.

61.
집 안의 공기가 무겁다면 환기를 시켜라

모든 일의 움직임과 인간관계 그리고 집 안 공기가 왠지 무겁고 흐리다면 즉시 모든 방을 환기시키자. 창문과 문을 열고 환풍기를 돌려 무거운 에너지를 밖으로 내보내고 신선한 공기를 채워 넣자. 바람이 통하여 답답했던 공기가 맑아지면 머지않아 모든 일이 상쾌하게 움직이기 시작할 것이다. 운이 좋은 사람은 답답한 것을 바로 알아차리는 반면, 운이 나쁜 사람은 그 답답한 감각조차 느낄 수 없게 되어버린다. 그러므로 항상 방도 마음도 환기를 시키는 습관을 들이자.

62. 신발장을 정리하라

하고자 하는 일에서 돋보이고 싶거나, 운 좋게 그 일을 이루고자 한다면 신발장을 정리해보자.

구두는 재능, 꿈의 길, 인생을 걷는 것을 상징하는 것으로 신발장은 그것을 품고 있는 생각의 자세를 나타낸다. 필요 없는 것을 처분하거나 깨끗하게 정리하면 참신한 생각이 떠오르거나 재능이 발휘되기 쉬운 환경으로 바뀐다. 또 갖고 싶던 멋진 구두를 사면 새로운 재능이 꽃피게 되고 새로운 운도 열리게 될 것이다.

63.
생화를
장식하라

왠지 기운이 안 나거나 우울할 때는 좋아하는 꽃을 방에 장식해보자. 생화에는 생기가 머물러 있으므로 에너지로 작용한다. 운은 당신의 기운이 회복됐을 때 함께 좋아지도록 움직이고 있다.

64.
북서쪽을 강화하라

집이나 직장을 북서쪽으로 구하거나, 북서쪽을 아름다운 것으로 장식을 하거나, 가장 기분 좋았을 때 사둔 것을 놓아두면 순식간에 운이 좋아진다. 좋은 운을 손에 넣고 싶은 사람은 즉시 집과 직장의 방위에너지를 활성화시키는, 이런 방법을 실행해보자.

65. 침구를 새로 바꿔라

    생각처럼 운이 풀리지 않거나 좋지 못한 쪽으로 흐르는 것을 막고 싶을 때, 삶을 처음부터 다시 시작하고 싶을 때, 지금 덮고 자는 이불과 베개를 모두 새로운 것으로 바꿔보자. 그러면 바뀐 에너지 덕분으로 운이 급격하게 향상될 것이다. 즉, 멈춰 있던 운이 좋은 방향으로 움직이기 시작하게 되는 것이다. 베개를 바꾸면 미처 생각지 못했던 발상이 나오거나 전혀 다른 관점으로 모든 일을 보는 계기가 생겨 좋은 운의 흐름을 가질 수 있게 된다.

66. 나쁜 느낌이 오는 장소는 피하라

 지나고 싶지 않은 길과 지나다닐 때마다 기분 나쁜 길, 친구가 불러도 왠지 가고 싶지 않은 장소, 전부터 기분이 좋지 않았던 장소에는 가지 않도록 하자. 왜냐하면 가고 싶은 마음이 들지 않는다는 것은 무언가가 있다는 증거이고 그곳으로 가지 말라는 사인이기 때문이다.
 좋은 환경을 만들기 위해 아무리 노력해도 운을 나쁘게 하는 좋지 않는 에너지가 있는 장소에 간다면 그 기운을 막을 수가 없다. 운을 지키기 위해서는 감각적인 느낌도 도움이 된다는 것을 알아야 하며, 더불어 좋은 감각과 나쁜 감각을 확실하게 알아차릴 수 있어야 한다.

67.
평소 마음에 걸리는 부분을 무시하지 마라

집 안에서 '마음에 걸리는 장소'가 있다면 그 원인을 파악하여 그것에 대처하자.

마음에 걸린다는 것은 그 장소에서 무엇인가 사인을 보내고 있는 것이다. 예를 들어 '전부터 이곳은 한번 청소해야겠다.'고 생각한 장소를 청소해보니 잊어버리고 있었던 중요한 인감이나 반지 등을 찾게 됐다거나, '너무 신경 쓰여서 견딜 수 없던' 장소를 정리를 하고 나니 개운해짐을 느끼게 되는 것처럼, 뭔가 목적을 이루게 되는 경우도 있다. 그러므로 운이 좋은 사람은 사소한 것을 무시하지 않는 것이다.

68. 대나무 숯을 놓아두어라

　액땜과 공기청정 등 일을 안정시키기 위한 좋은 에너지를 받기 위해 대나무 숯을 방의 네 귀퉁이에 놓아두면 효과적이다. 또한, 화장실과 식수를 놓는 곳, 전자파가 강하게 발생하는 장소에도 대나무 숯을 놓아두는 것이 좋다! 좋은 에너지로 바꾸고 싶은 장소에 대나무 숯을 30일 정도 충분히 놓아두면 순식간에 운이 좋게 바뀌는 것이다.

8장

커뮤니케이션으로 운이 좋은 사람이 된다

인간관계가 투명해지면
모든 것이 순조로워진다.

69. 인사는 자신이 먼저 하라

기분 좋은 인사를 먼저 할 수 있는 사람은 그것만으로 행운의 문을 상대보다 먼저 연 것이다. 이는 눈앞의 상대에게 소리를 먼저 냄으로써 자신의 에너지 진동이 상대의 영역에 전이되어 주위를 에워싸게 되기 때문이다.

상대는 당신의 에너지 톤에 맞춰 대응하기 때문에 밝고 산뜻하고 쾌활하게 인사를 먼저 하는 것이 중요하다. 상대가 이쪽의 톤에 맞춰준다는 것만으로 보통 모든 일이 순조롭게 진행되는 경우가 많아 운은 자연스럽게 흐를 수 있게 되기 때문이다.

70. 선입견을 갖지 마라

커뮤니케이션으로 운이 좋아지는 비결은 누구와 만났을 때도 선입견을 갖지 않는 것이다. 선입견을 가지고 상대를 보면 상대와의 관계를 보다 좋게 하려는 에너지에 장해를 가져오게 된다. 당신이 상대방에게 아무런 선입견을 갖지 않으면 않을수록 상대와의 사이에 좋은 운이 흐르게 될 것이다.

71. 운이 좋은 사람과 사귀어라

운이 좋은 사람과 함께 있으면 약간의 노력만으로도 일이 순조롭게 진행되거나, 항상 일이 잘 풀리는 등 모든 일이 좋게 바뀌기 쉽다.

운이 좋은 사람은 밝고, 긍정적이며, 자발적으로 모든 일에 참여하여 감정의 응어리를 거의 갖고 있지 않다. 따라서 인간관계나 일, 그 외의 모든 일이 순조롭게 진행되기 쉽기 때문에 운이 좋은 사람이 되는 것이다. 또 운이 좋은 사람은 자신과 같이 운이 좋은 사람들과 유기적인 관계를 맺고 있기 때문에 점점 더 운이 좋아지게 되는 것이다.

72. 운이 나쁜 사람을 피하라

운이 나쁜 사람과 함께 있으면 좋지 않은 영향을 계속 받게 된다. 운을 좋게 하는 것과 높이는 것도 중요하지만 '지금 있는 운을 지키는 것'도 중요하다.

운이 나쁜 사람과 있으면 무엇을 해도 일이 어긋나버려, 그 사람과 함께 무엇을 할 때마다 좋지 않은 결과로 이어지거나, 왠지 모르게 항상 그 사람의 뒤치다꺼리만을 하게 되는 일이 몇 번이나 계속되는 경우가 많다.

운이 나쁜 사람은 대개 부정적인 사고를 갖고 있어 감정의 처리가 능숙하지 않아 무슨 일이 있을 때마다 안 좋게 받아들이는 버릇이 있다. 그런 내부 에너지가 외부현실에도 장해를 가져와 운이 나빠지게 된다.

73. 무리하게 강요하지 마라

커뮤니케이션으로 운이 좋은 사람이 되기 위해서는 남에게 무리하게 강요하지 않아야 한다. 예를 들어 당신이 원하는 것을 상대에게 무리하게 요구를 했다고 가정해보자. 당시에는 당신의 요구를 거절할 수 없어 무리하게 그것을 받아들이다 해도 강요받은 사람의 마음 속에는 당신에 대한 좋지 않는 인상과 당신을 피하고 싶은 마음만이 남아 있을 것이다. 그리고 상대방은 당신과 커뮤니케이션을 하는 것을 더 이상 원치 않게 될 것이다. 이것이 인간영향심리학이다.

사람은 무언가를 강요받으면 분노와 거짓된 마음만 남는다.

'당신이 하고 싶은 대로 해.'
'당신 마음대로 행동해도 괜찮아.'
하는 자유로운 분위기 속에서 처음으로 그 상대에 대해 yes라고 응하고 싶어지는 것이다.

74. 자신이 하기 싫은 일은 남에게도 시키지 마라

　자신이 하기 싫은 일은 남에게도 시키지 않는 것이 운을 지키는 요령이다. 예를 들어 악의를 가지고 상대방에게 안 좋은 일을 시켰다고 가정해보자. 나중에 그 일을 후회해도 상대방은 안 좋은 일을 시킨 당신과의 관계에 선을 긋게 될 것이다. 또 상대방에게 뭔가 안 좋은 일을 당했을 때에도 복수하지 않아야 한다. 좋지 않았던 일을 똑같이 되돌려주면 똑같은 인간이 되어, 안 좋은 관계의 수렁에서 빠져나올 수 없게 된다.
　상대가 어떻게 하든 간에 자신이 당해서 싫은 일은 남에게도 시키지 않는다는 태도를 가지고, 좋은 인간관계의 속에서 성실하게 생활하도록 하자. 그러면 짓궂은 사람과는 더 이상 마주칠 일이 없게 되어 좋은 커뮤니케이션 속에서 운이 지켜질 수 있게 될 것이다.

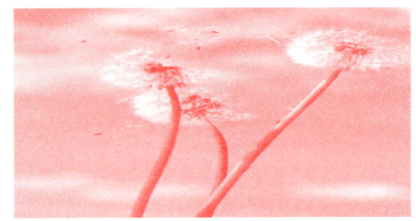

75. 남의 험담과 욕을 하지 마라

    누군가의 험담과 욕을 하고 있을 때, 그 당사자가 그곳에 없어 듣지 못했다 해도 당신이 내뱉은 부정적인 말은 부정적인 에너지의 화살이 되어 날아간다. 부정적인 에너지는 험담이나 욕을 할 때마다 상대의 의식 속으로 날아가 당신에 대한 좋지 않은 이미지를 만들어낸다. 상대가 직접적으로 듣지 못한다 해도 당신이 내뱉은 부정적인 말을 당신의 귀와 세포가 들어, 결국 자신에게 부정적인 영향을 주게 된다.

    험담이나 욕은 말하는 쪽이나 듣는 쪽도 어느 쪽도 좋지 않은 것이므로 말하지 않는 것만큼 좋은 것은 없다. 그것이야말로 평화롭게 운을 지키는 일인 것이다.

76. 감사인사는 즉시 하라

감사인사는 바로 하는 것이 커뮤니케이션의 운을 더욱 좋게 만드는 요령이다.

감사인사는 바로, 자주 하는 것이 좋다. 당일에는 메일과 전화나 편지로 감사를 전하고 다음에 만났을 때나 무언가의 화제로 그 일이 나왔을 때, 다시 한번 감사의 표현을 해라. 그러면 상대방은 당신에 대해 좋은 인상만을 가지게 될 것이다. 그렇게 되면 상대방은 당신에게 더욱 호의적인 사람이 되어, 두 사람 사이의 운이 좋은 형태로 흐르게 될 것이다.

77. 좋은 기대를 하라

사람은 무의식중에 상대방에게 여러 가지 기대를 한다. 좋은 기대도 하지만 나쁜 기대도 한다.

'이 사람과 좋은 관계를 맺고 싶다.'는 생각도 하겠지만 반대로 '결국 이 사람은 언젠가 나를 속이지는 않을끼.'라는 나쁜 생각을 하기도 한다. 게다가 안 좋은 생각은 그 생각이 점점 커지기 쉽기 때문에, 결과가 정말 그렇게 됐을 때 '예상대로'라며 우쭐대며 말하는 사람도 있다. 이는 좋지 않은 생각을 강하게 품고 있었기 때문이다.

우주에는 '기대의 법칙'이라는 것이 있어 좋은 것도, 나쁜 것도 기대하는 대로 되어버린다. 어차피 할 거라면 좋은 기대를 하자!

 항상 자신은 어떤 식으로 생각하는지를 생각하고 주의하자. 운이 좋은 사람은 아무런 일이 일어나지 않을 때에도 항상 좋은 것을 기대한다.

78. 용서하라

　사람은 인간관계 속에서 아픔과 상처를 받기도 한다. 용서할 수 없는 일이 일어날 때도 있다. '용서할 수 없다.'는 마음이 강할 때는 일방적으로 상대방을 공격하기 쉽다.

　그러나 운이 좋은 사람이 되기 위해서는 상처받고 아픈 마음을 상대방에게 전하는 것으로 상황을 해결해야 한다. 그때 중요한 점은 서로 '용서한다.'는 마음을 갖는 것이다. 만약 '용서 한다.'는 전제와 목적이 없이 누군가를 일방적으로 원망만 한다면 그것은 괴롭힘이 될 수도 있다.

　언제든지 문제는 한쪽에만 있는 것이 아니라 양쪽에

있는 것이기 때문에 일을 순조롭게 진행시키기 위해서는 '용서 한다.'는 것을 마음속에 두어야 한다. 결국, 용서를 통해 크게 도움을 받는 것은 자기 자신이기 때문이다.

79. 모든 일에 감사하라

좋은 일이나 기쁜 일이 있을 때는 어린아이도 상대방에게 감사를 표한다. 그러나 좋지 않는 상황에서도 운이 좋은 사람은 무언가를 배우고자 하고, 성장하고자 하는 마음을 가진다. 그러한 사람에게는 상상조차 하지 못했던 큰 행운이 찾아오게 된다.

감사는 고차원에너지이기 때문에, 그 자체로 우주와 직결되어 빠르게 상황을 개선하고, 감사할 만한 상황을 만들어준다. 감사는 상대방을 위하는 것일 뿐 아니라 자신에게도 큰 도움을 주는 행위인 것이다.

80.
사랑의 눈으로 보라

 사람의 견해에 따라 현실의 내용이 달라진다. 사랑의 관점에서 모든 사물과 사람을 바라보게 되면 모든 것이 아름다워 보이게 된다. 왜냐하면 마음으로 보는 것이 세상을 만들기 때문이다.

 뭐가 좋다, 나쁘다가 아니라 그 일을 배려하면서 받아들인다는 것이다.

 온화한 마음으로 본다는 것이다.

 그러면 그곳에는 사랑이 흐르고 행복한 운이 흐르게 되어 있는 것이다.

 사람도 일도 그 속에서 사랑을 느끼면 느낀 사랑을 되돌려주려고 하기 때문이다.

그러므로 사랑은 언제나 받은 순간에 되돌려주게 되는 독특한 성질을 갖고 있어 넘쳐나는 커다란 에너지가 되어가는 것이다.

81.
인간다움을 드러내라

완벽한 인간이 될 필요는 없다. 완벽이라는 것은 애당초 없기 때문이다. 완벽함을 판단하는 근거 또한 어렵기 때문이다. 그러나 인간답게 사는 것은 중요하다. 사람들은 완벽함보다 인간다움을 느낄 때 매력을 느끼게 되어 있다.

누구에게나 약함도, 여림도, 강함도, 아픔도, 괴로움도, 기쁨도 느끼는 감정이 있다. 이렇게 인간답고 솔직한 감정을 느끼는 사람에게 편안함을 느끼게 된다. 인간다움을 느끼기 시작할 때, 사람은 서로 공감할 수 있다. 특히 따뜻함이나 사랑을 느낄 수 있는 부분에서 서로 공감하며 이해해 가는 것이다. 이는 모든 행운을 불러들이는 비결이다. 왜냐하면 사람은 혼자가 아닌 다른 사람들과의 관계 속에서 살고 있기 때문이다.

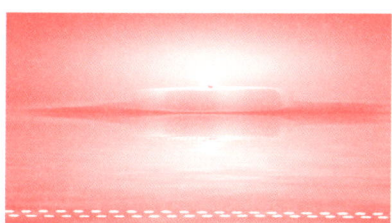

9장

셀프 파워로 운이 좋은 사람이 된다

자기 자신을 높일수록
커다란 운이 다가온다.

82. 그릇을 크게 가져라

운을 좋게 하기 위해서, 보다 큰 운을 손에 넣기 위해서는 좋은 일을 수용할 수 있는 능력을 길러야 한다. 사람들은 때때로 큰 행운을 받아들이는 것을 두려워하기도 한다. '이렇게 좋은 일이 있으면 나중에 나쁜 일이 일어나는 것은 아닐까.' 라든가 '이런 행운을 지금 손에 넣어버리면 앞으로의 인생에는 더 이상 좋은 일이 없는 것은 아닐까.' 하는 생각을 하기도 한다.

그러나 이는 운이 없어지는 것이 아니라 하늘이 당신을 더욱 돕는 것이다. 큰 그릇을 가지고 있는 사람에게 그만큼 채워주는 것이 자연의 섭리이기 때문이다.

83.
좋은 일은 기쁘게 받아라

자신의 삶에 좋은 일이 생기는 것을 기쁘게 여기면, 더욱 더 좋은 일이 생길 것이다.

우주는 받아들일 수 있을 만큼만 주게 되어 있다. 좋은 일은 마음껏 즐기자. 삶이 몰라보게 즐거워질 것이다.

84. 에너지원을 소중히 여겨라

당신의 마음을 설레게 하고 기쁘게 하는 에너지원을 소중히 여기자.

만날 때마다 기분이 좋아지는 소중한 사람들이나 좋아하는 물건을 당신의 옆에 두자. 그것들은 당신의 내부에너지의 생성을 도와주는 좋은 에너지원이다. 그 에너지원들을 소중히 여기면, 그것을 계기로 좋은 기운이 발생하여 좋은 운이 지속될 것이다.

85. 마음이 내키지 않는 일에는 참여하지 마라

　마음이 내키지 않는 사람과 만나거나, 내키지 않는 일을 하며 시간을 보내지 말자. 그러면 에너지의 손실을 미연에 방지할 수 있다.
　'그런 곳에 가는 게 아니었어.'라든지 '그런 사람과는 만나지 말았어야 했어.'라는 마음이 내키지 않는 일에 필요 이상의 에너지를 빼앗기게 되면 지쳐버리기 쉽다. 에너지를 소모시켜 운이 나빠지지 않도록, 내키지 않는 일은 상관하지 않는 현명함을 가져야 한다.

86. 원하지 않는 것은 받아들이지 마라

원하지 않는 것을 가질수록, 당신의 삶은 필요 이상의 짐을 짊어지게 되어 움직이기 어렵게 된다. 필요 없는 것은 받아들이지 않는다, 떠맡지 않는다는 결심을 하면 좀 더 마음이 편해진다. 마음이 편하다는 것은 원하는 운을 얻는데 필요한 중요한 조건인 것이다.

87. 대체품을 갖지 마라

언제나 가장 원하는 것, 가장 함께 있고 싶은 사람, 가장 이루고 싶은 삶의 방식을 고르도록 하자. 하나를 손에 넣는 대신, 다른 것은 비슷한 것으로 대체하게 되면 정말 손에 넣고 싶은 것은 멀어지게 되는 것이다.

운이 좋은 사람은 대체품에는 삶을 향상시키는 에너지가 없다는 것을 알고 있다. 그러나 운이 없는 사람은 언제나 불평불만이 쌓이는 에너지가 있는 곳에 머무르려 한다.

88. 열정적으로 행동하라

열정을 가지고 일하면 운의 좋고 나쁨을 고민하지 않아도 행운의 문이 자동으로 열려, 원하는 삶을 살 수 있게 된다. 열정은 주위의 사람들을 감동시켜 당신을 뒷받침하도록 해준다. 많은 사람들도 당신을 위해 열정적이며 기쁘게 움직이게 되며, 그때 운도 손에 들어오게 되어 있다.

89. 시련을 기회로 삼아라

아무리 운이 좋은 사람에게도 시련이 찾아올 때가 있다. 그럴 때 비관할 것인가, 아니면 그것이 한 단계 올라가는 기회라고 도전할 것인가에 따라 운명은 변하게 된다. 시련을 기회로 삼으면 모든 가능성이 열리게 되어, 새로운 능력과 운이 손에 들어오게 된다.

90. 좋아하는 일을 하라

좋아하는 일을 하거나 원하는 방식대로 삶을 사는 것은 정말 행복한 일일 것이다. 좋아하는 일은 자발적으로 기쁘게 몰두할 수 있기 때문이다. 기쁨을 느끼게 되면 주변의 에너지뿐 아니라 우주의 에너지도 끌어모으기 쉬워져, 순식간에 운이 좋아지기 시작한다. 이렇게 좋아하는 일을 하게 되면, 점점 행운을 손에 넣기 쉽게 된다.

91.
선택지를 많이 가져라

모든 일을 할 때 A와 B뿐만 아니라 C와 D, E와 F로 선택지를 넓혀갈수록 운이 넓어질 수 있다. 가능성의 범위를 넓히면 마음에는 그만큼의 여유가 생겨난다. 여유는 운을 기르는 필수 영양소이기 때문이다.

92.
때로는 궁지에 몰려보라

궁지에 몰렸을 때 엉뚱한 에너지와 능력이 생겨나는 경우도 있다.

앞서 말한 여유가 주는 운이나 에너지와는 달리, 생각지 못한 운을 손에 넣는 경우인데, 이는 전혀 새로운, 지금까지 숨겨져 있었던 것이다.

10장

우주의 뒷받침으로 운이 좋은 사람이 된다

절대적 파워로 이어지는 힘을 받아들이면
최고의 운기를 지킬 수 있다.

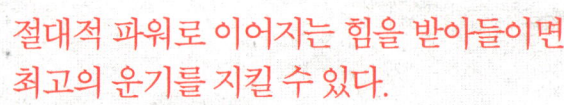

93. 조상을 존경하라

지금 자신이 여기 이렇게 존재하고 있는 것은 자신의 부모가 있고 또 그 부모가 있었기 때문이다. 이 사실을 잊지 않고 생각하도록 하자.

지금 자신의 운이 좋든지 나쁘든지에 관계없이 지금 이렇게 살고 있는 것이 '조상님들의 덕분이다.'라는 존경과 감사의 마음으로 살아가도록 하자. 그러면 당신을 지켜주는 보이지 않는 존재가 모든 것을 도와줄 것이다. 그렇게 되면 손에 넣을 수 없을 것 같았던 좋은 운이 생겨 멋진 인생을 맞이하게 될 것이다.

94. 신을 섬겨라

　마음이 편안해지고 기쁘며, 힘을 받는 느낌이 드는 신을 섬기자. 그래서 언제든지 그 신에게 감사하며 지켜주고 있는 것을 기쁘게 여겨보자. 그러면 그 신의 가호를 받을 수 있게 되어 좋은 일들이 밀려오게 될 것이다.
　신에게는 무엇인가를 간절히 원하는 것이 아니라 단지 기도드릴 수 있는 것에 감사하는 것이다. 그것이 신의 사랑을 풍부하게 받는 교제 방법이다.

95. 믿는 힘을 가져라

잠재의식의 권위자인 조셉 머피 박사는 믿는 대로 이루어진다고 말하고 있다. 믿는다는 것은 무언가를 옳다고 여기고 그렇게 생각하는 상태이다.

'그렇다.'고 생각은 하고 있지만 가끔 '정말로 그럴까.'라고 불안해하거나 의심하거나 마음이 흔들린다는 것은 믿고 있는 것이 아니다. 무언가를 생각대로 이루고 싶다면 흔들림 없이 그것이 옳다는 믿음을 가져라.

96. 가볍게 확신하라

 운이 좋아지게 하기 위한 것이나 무언가를 이루는 방법은 가벼운 마음으로 확신하는 것이다. 필사적으로 생각할 필요는 없다. 가볍게 생각하는 것만으로 좋다. 그 일을 필사적으로 생각하는 태도는, 자신에게 강제로 그 사실을 믿게 하려는 것이기 때문에 좋은 효과가 나오지 않는다.

 자연스럽게 믿게 될 때가 자신이 편한 때인 것이다. 그때야말로 우주는 당신이 원하는 만큼 당신의 희망을 이뤄줄 것이다. 왜냐하면 거기에는 운을 움직이는 에너지의 장해물이 없기 때문이다.

97. 보호받고 있다는 것을 알라

무언가가 정체되어 있거나 중요한 일이 취소되었거나 틀어졌다고 해서 재수가 좋지 않다든가 운이 나쁘다고 생각하지 말자. 왜냐하면 당신은 보호받고 있기 때문에 그 일을 하지 않게 되어 다행이라는 것을 후에 알게 될 것이기 때문이다.

당신에게 옳고 그름에 대한 판단력이 없었을 때, 위험한 것에 손을 대려고 하면 부모님이 그것을 막아주던 기억이 있을 것이다. 그것은 당신을 사랑하기 때문에 보호하려고 했던 행동이었다. 우주도 당신을 위한 일이라면 적당한 시기에 적당한 형태로 당신에게 당신이 원하던 것을 줄 것이다. 보호받고 있는 것이기 때문에 적절한 시기에 원하던 것을 받을 수 있다는 사실을 알고 있으면 일시적으로 무언가를 얻지 못했다는 것에 지나치게 탄식하거나 괴로워하지 않을 수 있게 된다.

운이 좋은 사람은 항상 무엇인가가 정체되어 있어도, 취소가 되어도, 틀어진다 해도 '무언가 의미가 있겠지.', '이게 오히려 나를 위한 일일 거야.' 하고 받아들이려 한다. 그렇지 않은 사람은 가질 필요가 없는 것까지 무리하게 가짐으로써 정말로 필요한 것을 놓쳐버리는 수가 있다.

98. 침체기를 넘어서라

사계절에 봄, 여름, 가을, 겨울이 있듯이 삶도 따뜻한 시기와 추운 시기가 있는 법이다.

어떤 계절을 맞이하더라도 반드시 따뜻한 날은 돌아온다. 춥고 꽁꽁 얼어붙는 것 같은 침체기를 넘어서기 위해서는 자신의 내면 강화와 내면의 성장을 위해 노력해야 한다.

그것은 차가운 땅 안에 묻힌 씨앗이 암흑 속에서 영양분을 스스로 비축해두는 것과 같다. 그리고 포근한 햇빛이 비치는 계절이 왔을 때 내면에 비축해두었던 에너지를 싹이라는 형태로 변하여 밖으로 내보내게 되는 것이다. 그래서 마음껏 꽃이 되어 피는 것이다.

언제나 행운으로 가득 찬 삶을 사는 사람은 다가오는 계절에 우왕좌왕하지 않고 상황에 순응하기 위한 지혜를 가지려고 노력한다. 이와 같이 침체기를 넘어서는 방법이 '내면의 충실' 이라는 것을 아는 사람은 언제나 멋진 인생을 꽃 피울 수 있다.

99. 이루고자 하는 미래를 그려라

내년의 운이 좋지 않다는 운세를 확인하고 걱정하며 허둥대는 사람이 있다. 이는 매우 이상한 일이다. 아직 아무 일도 일어나지 않았는데 일어나지 않은 일에 걱정하고 있기 때문이다.

내년에도, 5년 후에도 당신이 '이렇게 살고 싶다.'는 마음을 버리지 않는다면 운명은 원하는 대로 움직이기 시작할 것이다.

예를 들면 내일 당신이 정한 예정대로 행동하듯 삶도 그렇게 살아가면 되는 것이다.

삶은 알 수 없는 미지의 것이 아니라, 당신의 생각이나 목표, 이루고 싶은 일을 설정하여 의도하는 방향으로 움직이면 그렇게 되는 것이다. 당신의 소중한 인생을 남의 손안에 맡기지 말고 당신의 손으로 꽉 움켜쥐어보자. 그 손으로 멋진 삶을 개척하게 될 것이다.

점괘가 맞는 것은 '그것은 그렇다.'고 받아들여 당신이 믿어버리기 때문이다.

의지와 행동은 무의식적으로 나오는 것이다. 운이 좋은 사람은 운을 자신의 손으로 개척하려는 긍정적인 의지가 제대로 있는 사람인 것이다.

100. 모든 것을 움직여라

당신이 '원하는 방향'으로 당신의 마음과 목적을 맞춰라. 그러면 이 모든 것은 자신이 원하는 방향으로 가게 될 것이다. 앞으로의 삶이 더욱 즐겁고, 행복하도록 당신의 모든 방향을 당신이 원하는 방향으로 맞춰라. 'HOW'라는 물음의 답은 항상 '당신이 원하는 대로'라는 것이다. 그것이야말로 생각대로 행운을 손에 넣는 비결이다!

감사를 담은 맺음말

좋은 운은 자신으로부터 나온다

좋은 일을 먼저 해보자

일상의 행위의 부산물이 바로 인생이다.

자신이 행한 행위, 표출한 것은 자신에게 돌아오는 법이다.

좋은 운은 좋은 말투와 태도를 통해 만들어진다. 운이 좋으면 잘 풀리는 일이 많다.

운이 좋은 사람은 이러한 사실을 알고 있기 때문에 점점 더 운을 좋게 만들기 위해 노력한다. 이렇게 하여 운이 좋아진 사람은 지속적으로 노력을 하게 되어, 어느새 운이 좋은 사람과 그렇지 않은 사람의 차이는 커지게 된다.

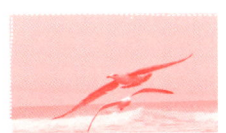

  좋은 운을 만들기 위한 일을 기쁘게 하는 것만으로도 운이 좋아지게 되므로 이보다 더 즐거운 삶의 방식은 없는 것이다. 그러므로 나는 운이 좋은 사람이 되는 것을 멈출 수 없다.

운이 좋아지는 100가지 방법 (개정판)

개정판 1쇄 발행 ‖ 2020년 7월 25일

지은이 ‖ 요시카와 나미
옮긴이 ‖ 강성욱
펴낸이 ‖ 김규현
펴낸곳 ‖ 경성라인
주　소 ‖ 경기도 고양시 일산동구 백석2동 1456-5
전　화 ‖ 031) 907-9702
팩　스 ‖ 031) 907-9703
E-mail ‖ kyungsungline@hanmail.net
등　록 ‖ 1994년 1월 15일(제311-1994-000002호)

ISBN 978-89-5564-179-0 (03320)

* 책값은 뒤표지에 있습니다.
* 경성라인은 밀라그로의 자회사입니다.
* 잘못 만들어진 책은 구입하신 곳에서 바꾸어 드립니다.